Kosmisch

Gary M. Forester

Kräuter

Aus der Schatztruhe der Natur

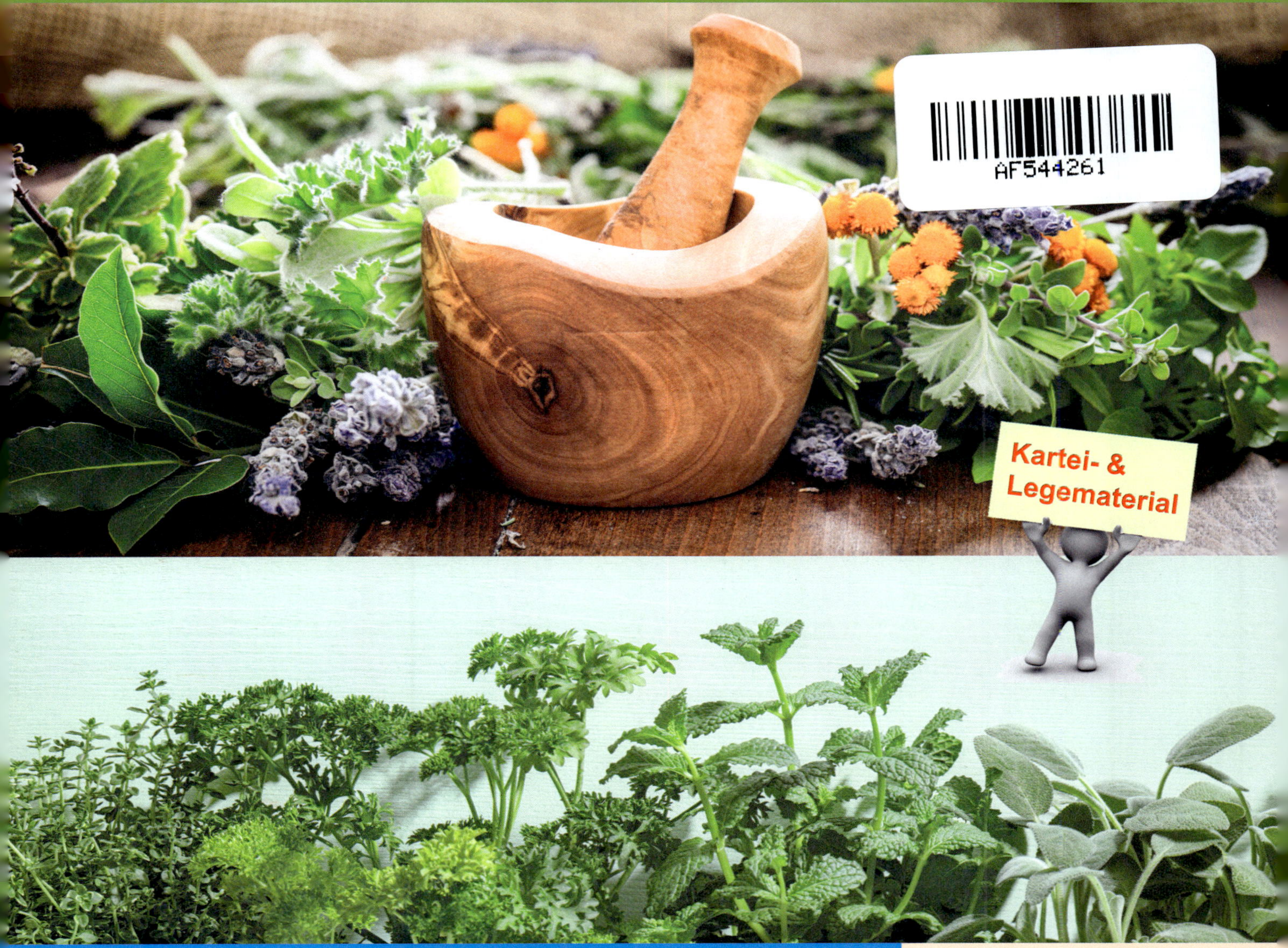

Kartei- & Legematerial

Lern- und Legematerial

Montessori-Reihe

www.kohlverlag.de

Kräuter
Aus der Schatztruhe der Natur

1. Auflage 2021

Inhalt: Gary M. Forester
Umschlagbild: © Rawf8 & powerstock - AdobeStock.com
Redaktion: Kohl-Verlag
Grafik & Satz: Kohl-Verlag
Druck: Druckhaus DOC GmbH, Kerpen

Bestell-Nr. 15 061

ISBN: 978-3-98558-069-9

Bildquellen: © AdobeStock.com
Seite 3: ExQuisine; **S. 4:** Alexander Raths; **S. 5:** LiliGraphie, beats, TwilightArtPictures, goldbany, Annett Seidler, Alexander Raths, silencefoto; **S. 7:** womue, Dionisvera, PhotoArt Thomas Klee; **S. 9:** Amy Lv, Dionisvera, kolesnikovserg, angorius, Heike Rau, iluzia, Ruckszio, Tatiana, petrabarz; **S. 11:** Wallner-Studio, E-Iona; **S. 13:** Guntar Feldmann, womue, perlphoto, Aggi Schmid; **S. 15:** Sandra Cunningham, Nataliia Pyzhova, ffolas; **S. 17:** Sonja Birkelbach, ExQuisine, robynmac, Frauke Pieper-Keller; **S. 19:** Robert Leßmann, Oskar, Kalle Kolodziej; **S. 21:** blende11.photo, Ruckszio; **S. 23:** juefraphoto, Björn Wylezich; **S. 25:** unpict, Dionisvera, Robert Biedermann, wiha3; **S. 27:** Joachim, Ruckszio, duncanandison, preta_perola, snapshot, emberiza, motivjaegerin1, photocrew; **S. 29:** GSDesign, Ruckszio, lena_zajchikova, emberiza; **S. 31:** nikolaydonetsk, orestligetka, Comugnero Silvana, mates, osoznaniejizni; **S. 33:** orestligetka, Luis Echverri Urrea, avoferten, emilio100, Ute Bittlinger; **S. 35:** womue, Scisetti Alfio, seramoje, Marina Lohrbach, Rhönbergfoto, Joachim, Marina Lohrbach, Robert Biedermann, Alexander Raths, boommaval, antonel, Ruckszio, Petra Schueller; **S. 36:** Team 5; **S. 37:** Sasajo, LianeM, AGfoto, unpict, vvoe, Joachim, kolesnikovserg, Björn Wylezich, Marina Lohrbach, nadin333, juliasudnitskaya, oxie99, Viktor; **S. 38:** Team 5; **S. 39:** K.-U.Häßler
© **wikipedia.com: S. 11:** Christian Fischer (ArtemisiaVulgaris); **S. 21:** Hajotthu (Sauerampfer); **S. 25:** Georg Slickers (Achillea)

Unsere Lizenzmodelle

Der vorliegende Band ist eine Print-Einzellizenz

Sie wollen unsere Kopiervorlagen auch digital nutzen? Kein Problem – fast das gesamte KOHL-Sortiment ist auch sofort als PDF-Download erhältlich! Wir haben verschiedene Lizenzmodelle zur Auswahl:

	Print-Version	PDF-Einzellizenz	PDF-Schullizenz	Kombipaket Print & PDF-Einzellizenz	Kombipaket Print & PDF-Schullizenz
Unbefristete Nutzung der Materialien	x	x	x	x	x
Vervielfältigung, Weitergabe und Einsatz der Materialien im eigenen Unterricht	x	x	x	x	x
Nutzung der Materialien durch alle Lehrkräfte des Kollegiums an der lizensierten Schule			x		x
Einstellen des Materials im Intranet oder Schulserver der Institution			x		x

Die erweiterten Lizenzmodelle zu diesem Titel sind jederzeit im Online-Shop unter www.kohlverlag.de erhältlich.

Inhalt

Vorwort

Es gibt viele Kräuter, die am Wegrand, im Garten oder im Wald wachsen und blühen. Doch oft gehen wir achtlos daran vorbei, weil wir sie nicht kennen. Auch im Garten finden wir Küchen- und Gewürzkräuter, die nur zum Teil bekannt sind. Gegen alles ist ein Kraut gewachsen, heißt es so schön. Das gilt vor allem für die vielen tollen Wildkräuter, die man überall in der Natur findet. Ihren Inhaltsstoffen werden oft heilende Wirkungen zugesprochen.

Küchenkräuter, Wildkräuter, Gewürzkräuter, Teekräuter, Heilkräuter – nicht so einfach, alles auseinander zu halten. Hier werden die bekanntesten Kräuter vorgestellt

Wobei man natürlich bedenken muss, dass z.B. der Spitzwegerich ein Teekraut und ein Wildkraut ist und auch Lavendel kann man als Teekraut und Heilkraut sehen. Das Legematerial ist farblich geordnet und ermöglicht ein selbstständiges und effizientes Arbeiten der Kinder.

Eine Tafel aller vorgestellten Kräuter sowie ein Blanko-Steckbrief ergänzen das Heft.

Es bietet sich an, die Seiten zuerst im Ganzen zu laminieren und anschließend die einzelnen Karten auszuschneiden. Laminiertes Material hält sich länger und kann so über viele Jahre durch viele interessierte Kinderhände gehen.

Viel Freude und spannendes Lernen wünschen der Kohl-Verlag und

Gary M. Forester

... und so sieht es aus!

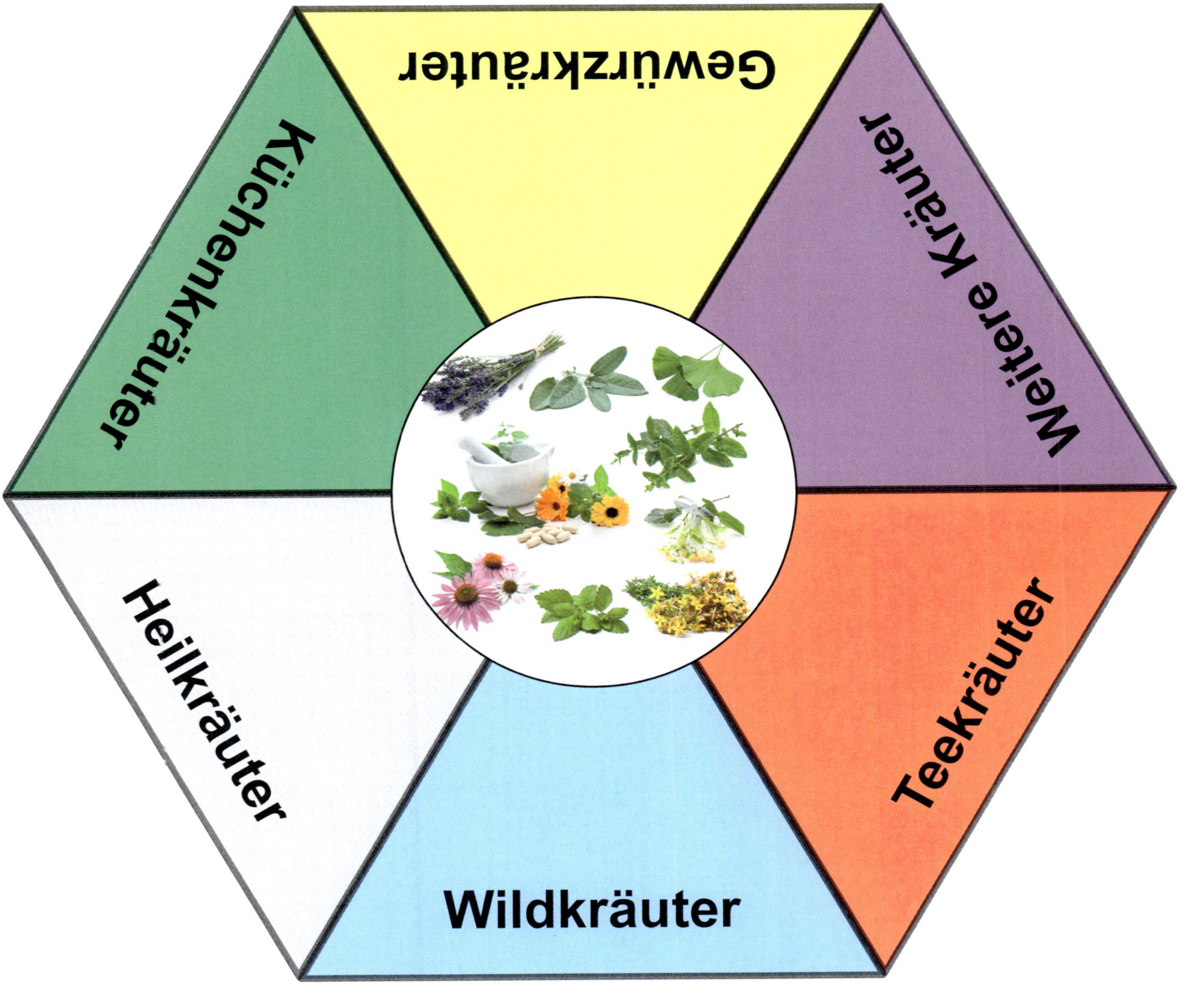
Gewürzkräuter
Küchenkräuter
Weitere Kräuter
Heilkräuter
Teekräuter
Wildkräuter

Gewürzkräuter

Gewürzkräuter

Schon früh, vor rund 50.000 Jahren, schätzten die Menschen den intensiven Geschmack und die wohltuende Wirkung vieler Kräuter und begannen bald, sie zu kultivieren. Hier werden Basilikum, Rosmarin, Oregano, Thymian, Majoran, Liebstöckel und Estragon vorgestellt.

Rosmarin

Seine kleinen länglichen Blätter lassen den Rosmarin wie einen kleinen Nadelbaum erscheinen – in besonders warmen Gegenden kann er doch sogar beachtliche Mannshöhe erreichen. Er blüht meist hellblau. Die Monate zwischen Mitte Mai bis Ende Oktober sind für die Ernte von Rosmarin optimal. Seine Blätter und Zweige verleihen Speisen ein herzhaftes Aroma. Frisch oder getrocknet verfeinert er nicht nur Kartoffeln und Gemüse aus dem Backofen, sondern auch Brot und Fleisch. Wie der Thymian ist auch er Bestandteil der bekannten Kräutermischung „Herbes de Provence“.

Basilikum

Basilikum ist eine typische krautige Pflanze, die Wuchshöhen zwischen 20 und 60 cm erreicht. In seiner natürlichen Umgebung ist Basilikum mehrjährig, bei uns hingegen aufgrund der Wetterbedingungen meist nur einjährig. Es blüht zwischen Juni und September und bildet relativ unscheinbare Blüten. Sie sind meist weiß bis zartrosa. Sein leicht süßlicher und etwas pfeffriger Geschmack ist vor allem in der italienischen Küche sehr beliebt. Es kann in Saucen, zu Fischgerichten, für Kräuterpestos, zu Nudelgerichten wie auch zu Salaten verwendet werden. Passt perfekt zu Tomaten, Zucchini oder Aubergine.

KOHL VERLAG KRÄUTER Aus der Schatztruhe der Natur – Bestell-Nr. 15 061

Oregano

Dost ist unter dem Namen Oregano vor allem als Gewürz auf der Pizza bekannt und unentbehrlich. Oregano könnt ihr direkt von der Wiese pflücken. Zumindest wenn er blüht, lässt sich der auch als Gemeiner Dost oder Wilder Majoran bezeichnete Oregano an seinen rosa-lila Blüten erkennen. Oregano bevorzugt warme Standorte. Er besiedelt meist trockene und lichte Wälder, wie Eichen- und Kiefernwälder. Oregano passt prima zu Tomaten, Pasta, Pizza, Geflügel, Gemüse, Fleisch … Außerdem taugt er zum Verfeinern von Kaltschalen, Kräuterlimos und kaltem Tee.

Thymian

Am häufigsten wird der Gartenthymian verwendet. Thymian kann in der Küche frisch und getrocknet verwendet werden. Besonders passt er für die mediterrane Küche zu Fleischgerichten, Geflügel, Fisch und Saucen. Da er sehr intensiv schmeckt, sollte er nur sparsam verwendet werden. Ernten sollte man kurz vor oder während der Blüte. Thymian ist mehrjährig und eignet sich wunderbar als blühender Bodendecker. Thymian gilt als antibakteriell, entzündungshemmend und schleimlösend und wird daher bei Husten und Bronchitis angewandt.

Majoran

Der Majoran ist sehr eng mit dem Oregano verwandt und gilt wie dieser auch als Gewürz- und Heilkraut. Die kleinen Blüten sind meistens weiß bis rosa. Er ist mehrjährig und eine wichtige Gewürzpflanze, die – nach ihrem häufigsten Verwendungszweck – auch Wurstkraut heißt.

Die Blätter werden frisch oder getrocknet zum Würzen von Kartoffelgerichten, Suppen (Kartoffelsuppe), Soßen, Würsten und Hülsenfrüchten verwendet.

Majoran verliert auch beim Trocknen sein Aroma nicht. Er darf nicht fehlen bei Bratwürsten, Frankfurter Würstchen, Rotwürsten oder Jägerwürsten.

Liebstöckel

Liebstöckel kennt man auch unter der Bezeichnung „Maggi-Kraut". Diesen Namen erhielt die Pflanze wegen ihres typischen Aromas, das dem der bekannten Gewürzsauce ähnelt. Diese enthält jedoch kein Liebstöckel. Echtes Liebstöckelaroma ist sehr intensiv und herzhaft. Er lässt sich nicht trocknen, aber einfrieren. Die Blütenstände sollten entfernt werden. Liebstöckel kann 1-2 m hoch werden und braucht daher genügend Platz! Maggikraut wird in vielen Suppen, Eintöpfen und deftigen Fleischgerichten verwendet. Aber auch Liebstöckelsamen finden Verwendung in der Küche.

Weitere Kräuter

Weitere Kräuter

Viele weitere Kräuter wachsen bei uns, an Weg- und Waldrändern, auf den Feldern oder im Wald.

Hier werden Ackersenf, Beifuß, Weißer Gänsefuß, Waldmeister, Koriander, Fingerhut und Johanniskraut vorgestellt.

Ackersenf

Diese wilde Senfsorte bringt leichte Schärfe in viele Speisen. Der Ackersenf kann leicht mit Raps verwechselt werden. Da Raps ebenfalls essbar ist, ist die Verwechselung jedoch nicht gefährlich. Er wird etwa 60 cm hoch, hat behaarte Stängel und gelbe Blüten
Er wächst in Gärten, auf Schuttplätzen und auf Äckern. Geerntet werden Blätter und unreife Samenschoten, sie sind gekocht und roh essbar. Erntezeit ist Mai bis Oktober.

Beifuß

Beifuß wächst in Parks, Schuttplätzen, Wiesen und an sonnigen Wegesrändern. Vom verwandten, bitteren Wermut ist Beifuß anhand der rötlich-braunen Zweige, der obenauf grünen Blätter und des angenehmen Dufts zu unterscheiden. Beifuß lässt sich gut trocknen. Als herb-würzige Zutat wird er in Soßen mitgekocht und für Geflügelfüllungen verwendet (vor dem Verzehr jeweils entfernen). Zum Würzen verwendet man seine Triebspitzen sowie die geschlossenen Blütenknospen. Anders als bei anderen Kräutern sollte man den Beifuß in den Speisen lange mitkochen.

Koriander

Koriander ist ein vielseitig einsetzbares Küchenkraut, das vor allem in der asiatischen und indischen Küche verwendet wird. Allerdings ist es nicht jedermanns Geschmack! Verwendung finden vorrangig die Blätter, die auch als Blattkoriander bezeichnet werden, sowie die Korianderfrüchte. Koriander ist eine einjährige Kräuterpflanze, die 30 bis 90 cm hoch wird. Er blüht von Anfang Juni bis Mitte August. Das im Koriander enthaltende Öl zeigt eine starke antibakterielle Wirkung gegen zahlreiche Bakterien. Für medizinische Zwecke werden meist die Samen bzw. Früchte verwendet.

Waldmeister

Die aromatischen Blätter werden häufig für Bowlen, Götterspeise und andere Süßspeisen verwendet. Waldmeister wird 10 bis 50 cm hoch. Die Blätter sind in sogenannten Quirlen angeordnet. Er blüht meistens zwischen Anfang April und Anfang Juni. Die Blüten haben einen charakteristischen und aromatischen Duft, der nach dem Welken stärker wird. Weniger bekannt ist, dass das Waldmeisterkraut auch in der Heilkunde eingesetzt wird und dort Leberbeschwerden, Einschlafschwierigkeiten und sogar Migräne lindern kann.

Johanniskraut

Beim Echten Johanniskraut handelt es sich um eine ausdauernde Pflanze, die Höhen von 50 cm bis zu einem Meter erreichen kann. Die Blütezeit des Johanniskrauts liegt zwischen Juni und September.
In der Küche hat Johanniskraut kaum Bedeutung. Die gebräuchlichsten Darreichungsformen sind Tees, Ölauszüge, Tinkturen und Kapseln aus den Blüten des Johanniskrauts. Innerlich soll das Johanniskraut bei kleineren psychischen Beschwerden (leichte Depressionen, nervöse Unruhe), Schlafstörungen und Verdauungsbeschwerden helfen.

Fingerhut

Er kommt in Europa häufig wild vor, vor allem auf Waldlichtungen und Kahlschlägen. Er ist stark giftig. Man darf ihn nur in verschriebenen Fertigpräparaten anwenden. Trotz seiner starken Giftigkeit werden die Wirkstoffe des Fingerhutes gegen Herzschwäche verordnet Die zweijährige Pflanze bildet im ersten Jahr eine Blattrosette aus. Im zweiten Jahr treibt ein bis zu zwei Meter hoher Stängel aus. Die einzelnen roten oder weißen Blüten haben die Form eines Fingerhutes, was der Pflanze auch den Namen gab. Er blüht gewöhnlich zwischen Juni und August. Seit dem 16. Jahrhundert wird er als Zierpflanze in Parks und Gärten verwendet.

Teekräuter

Teekräuter

Als Teekräuter können Pflanzenteile wie die Wurzel, Knolle, Blüte, Rinde oder Früchte verwendet werden. Hier seht ihr Pfefferminze, Melisse, Fenchel, Kamille, Brennnessel, Salbei und den Ackerschachtelhalm.

Melisse

Vielen ist die Zitronenmelisse vor allem als Tee bekannt. Die in der Melisse enthaltenden Inhaltsstoffe helfen bei nervöser Unruhe oder bei Magenbeschwerden. Die Blütezeit der Zitronenmelisse ist meist zwischen Anfang Juni bis Ende August. Melisse passt zu frisch zubereiteten Salaten – egal, ob Blattsalat oder fruchtigem Obstsalat. Auch zu Fisch schmeckt Melisse hervorragend. Da sie sich zum Trocknen relativ gut eignet, werden die Stängel nach Abschneiden in kleinen Sträußchen zusammengebunden und „kopfüber" an einem dunklen, luftigen Ort aufgehängt.

Pfefferminze

Pfefferminzen sind krautige und winterharte Stauden, die 25 bis 100 cm hoch werden. Die meisten Rezepte mit Pfefferminze sind wohl Süßspeisen, Aufstriche oder Süßigkeiten (u.a. Pfefferminzbonbons, Kaugummis). Marmeladen bzw. Konfitüren können mit einem feinen Minzaroma eine erfrischende Note erhalten. In vielen Ländern wird die Pfefferminze für herzhafte Gerichte verwendet (Lamm). Pfefferminztee schmeckt nicht nur gut, sondern lindert auch viele Erkrankungen. Magenschmerzen, Durchfall, leichte Erkältungsbeschwerden, Übelkeit oder Verdauungsbeschwerden.

Brennnessel

Sie wachsen im Umkreis von Siedlungen und an Weg- und Waldrändern. Sie können bis zu 1,50 Meter hoch werden. Mit der Brennnessel hat vermutlich jeder schon mal unfreiwillig Bekanntschaft gemacht und sich von den Nesselhaaren, die überall auf der Pflanze sitzen, einen Ausschlag geholt. Brennnesseln sammelst du am besten vor der Blütezeit im Juni, also am besten zwischen März und Mai. Brennnesselblätter sollen eine entwässernde, reinigende, entgiftende und belebende Wirkung haben. Auch bei Schüttelfrost oder innerer Kälte hilft der Brennnessel-Tee.

Kamille

Die Kamille ist eine einjährige Pflanze mit einem aufrechten, verzweigten Stängel, der bis zu 80 cm hochwachsen kann. Man findet sie auf Feldern, an Wegrändern, auf Wiesen und Schuttplätzen. Ihre Blüten erscheinen vom Sommer bis zum Herbst. Von den anderen Arten unterscheidet sich die echte Kamille durch die herabhängenden, weißen Zungenblüten. Wenn sie ganz geöffnet sind, können sie geerntet und getrocknet und als Tee, Öl oder Tinktur genutzt werden. Kamille wirkt antibakteriell und hilft bei schlecht heilenden Wunden. Auch gegen Magenbeschwerden und Unruhe kann sie helfen.

Ackerschachtelhalm

Er wird auch Zinnkraut oder Scheuerkraut genannt. Man nutzte das Kraut früher zum Reinigen von Töpfen und anderen Gegenständen aus Zinn. Seine Vorfahren besiedelten bereits vor über 370 Millionen Jahren die Erde. Die Pflanze blüht nicht, sondern vermehrt sich durch Bildung von Sporen. Tee aus der Pflanze setzt man vor allem zur Durchspülung der Nieren und Harnwege ein. Er wird auch zur Behandlung bei der Wundheilung und gegen Rheuma und Gicht verwendet. Ackerschachtelhalm als Brühe oder Jauche eignet sich hervorragend als Pflanzenstärkungs- und Düngemittel.

Salbei

Der Echte Salbei erreicht eine Höhe zwischen 40 und 60 cm. Er schmeckt würzig und leicht bitter. Man pflückt die Blätter der Pflanze und kann diese frisch verwenden oder erst trocknen. Er passt gut zu Fisch oder Fleisch. Man verwendet das Gewürz aber auch mit Gemüse und in Suppen. Auch die Blüten sind essbar z.B. in einem Salat. Häufig werden Salbeiblätter in Butter mitgeschwenkt, wodurch die Butter ein feines Aroma annimmt. Als Tee wirkt Salbei vor allem bei Grippe, gegen Bakterien und Viren. Salbeibonbons helfen gegen Halsschmerzen. Wer Salbeitee trinkt, soll aber auch weniger schwitzen.

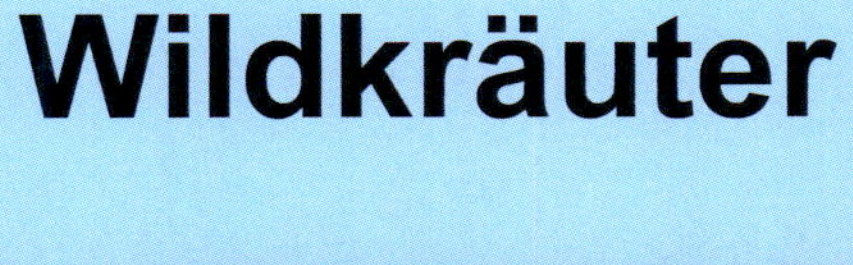
Wildkräuter

KOHL VERLAG

Wildkräuter

Es gibt so viele Wildkräuter, dass man sie nicht alle vorstellen kann.

Hier findest du Löwenzahn, Bärlauch, Vogelmiere, Sauerampfer und Gänseblümchen sowie Giersch und Spitzwegerich.

Bärlauch

Bärlauch ist eine altbekannte Gemüse-, Gewürz- und Heilpflanze. Er wird 20 bis 50 cm hoch und blüht von Ende März bis Ende Mai. Die Pflanze ist zwar komplett essbar, genutzt werden aber vorwiegend die Blätter, oft auch mit den Stängeln, frisch als Gewürz, für Dip-Saucen, Kräuterbutter und Pesto oder ganz allgemein als Gemüse in der Frühjahrsküche. Bärlauch harmoniert perfekt zu Fischgerichten, Suppen, Salaten, Kartoffelgerichten und hellen Soßen. Er lässt sich problemlos einfrieren. Bärlauch wird u.a. bei Blähungen, Bauchschmerzen und bei Einschlafproblemen genommen.

Löwenzahn

Löwenzahn, auch als Butterblume oder Kuhblume bekannt, zählt wohl mit zu den bekanntesten und häufigsten Wildkräutern. Er ist eine ausdauernde Pflanze, die eine sehr lange Pfahlwurzel besitzt. Besonders auffällig sind seine gesägten Blätter. Er wird 15 bis 45 cm hoch und blüht von Anfang April bis Anfang Juli. Löwenzahn kann man sowohl als Gemüse, als Grundlage für Pesto und zur Verarbeitung von Gelee verwenden. Auch heute noch wird der Löwenzahn im naturmedizinischen Bereich für zahlreiche Beschwerden verwendet. Er hilft bei Magen-, Leber und Gallebeschwerden und Verdauungsproblemen.

KRÄUTER
Aus der Schatztruhe der Natur – Bestell-Nr. 15 061
KOHL VERLAG

Sauerampfer

Der Sauerampfer gehört zu den Kräutern, die in der Natur häufig zu finden sind und als Wildkräuter viel verwendet werden. Er ist eine mehrjährige und winterharte Pflanze. Sauerampfer erreicht meist Höhen um die 25 bis 50 cm. Die Blütezeit liegt zwischen Mitte Mai bis Anfang September. Die Pflanze bildet eher unscheinbare Blüten aus, die rötlich bis rostfarben aussehen. Gesammelt werden sollten nur die grünen, jungen Blätter. Der Geschmack lässt sich als säuerlich und frisch beschreiben. Sauerampfer lässt sich wie Spinat zubereiten oder als Kräuterbutter, Kräuterquark oder der bekannten Sauerampfersuppe.

Gänseblümchen

Gänseblümchen sind mehrjährige, ausdauernd wachsende Pflanzen. Sie erreichen Wuchshöhen von höchstens15 cm. Die Blütezeit reicht von März bis November. Vom Gänseblümchen können sowohl die Blätter, die geschlossenen Blütenknospen als auch die geöffneten Blütenköpfchen gegessen werden. Die Knospen kann man einlegen und als Ersatz für Kapern nutzen. Die auch als Maßliebchen bezeichnete Heilpflanze wird auch bei Husten, Gelenkbeschwerden und Hautproblemen verwendet. Aufgrund der im Gänseblümchen enthaltenen Gerbstoffe gilt das Wildkraut als Appetitanreger.

Spitzwegerich

Der Spitzwegerich ist eine mehrjährige, winterharte Pflanze. Die Wuchshöhe beträgt zwischen 10 cm bis zu 60 cm. Die Blütezeit findet meist von Mai bis September statt. Geerntet wird vom Frühjahr bis hinein in den Herbst.

Auch wenn die Blätter des Spitzwegerichs essbar sind, kommt Spitzwegerich weit häufiger als Heilpflanze bei Husten und Heiserkeit zum Einsatz. Aus diesem Grund ist er Zutat zahlreicher Hustenteemischungen, Hustenbonbons und Hustensäfte. Die häufigste Anwendung ist jedoch der Spitzwegerichtee.

Giersch (Geißfuß)

Kaum ein anderes Kraut ist in Gärten so unbeliebt wie Giersch. Dabei kann Geißfuß viel mehr als wuchern. Rohköstler und Freunde von Wildkräutern schwören auf Giersch als schmackhaften Nährstofflieferanten in Salaten oder als Alternative zu Spinat. Der Doldenblütler ist zudem eine traditionelle Heilpflanze, die bei rheumatischen Erkrankungen unterstützend angewendet wird. Der Giersch wächst als ausdauernde Pflanze und erreicht Höhen von 30 bis 100 cm. Beim Sammeln ist eine Verwechslung mit giftigen Arten, wie Gefleckter Schierling oder Breitblättriger Merk, zu vermeiden. Giersch lässt sich gut am dreikantigen Blattstiel erkennen.

Heilkräuter

Heilkräuter

Gegen jede Krankheit ist ein Kraut gewachsen, sagt man. Das heißt, dass es sehr viele Heilkräuter gibt ...

Hier lernst du Arnika, Ringelblumen, Baldrian, Beinwell, Lavendel, Kümmel und Schafgarbe kennen.

Arnika

Arnika gilt heute als eines der besten alternativen Heilkräuter bei schlecht heilenden Wunden und äußeren Verletzungen. Arnika ist in ihrem natürlichen Verbreitungsgebiet fast ausgestorben, weshalb sie heute streng geschützt ist. Arnika wird 20 bis 60 cm hoch. Sie blüht von Mai bis September. Die Blüten können ab Juli bis August abgesammelt und anschließend getrocknet werden. Die häufigsten Formen diese Heilpflanze anzuwenden sind:

Tinkturen, Aufgüsse für Umschläge, Arnikaöl, Salbe und Globuli.

Ringelblumen

Die Ringelblume wird als Heilpflanze heute vor allem bei Hautbeschwerden oder zur Wundbehandlung genutzt. Ringelblumen sind aufrecht und buschig wachsende einjährige Sommerblumen. Sie werden 20 bis 60 cm hoch. Die Blütezeit ist in der Regel zwischen Juni und Oktober. Die Pflanze blüht orange bis gelb.

Die Blüten kannst du essen und für Salben, Tees und Tinkturen verwenden. Sie können auch als natürliches Färbemittel für Lebensmittel verwendet werden. Ringelblumen säen sich im Herbst reichlich aus und im Frühjahr erscheinen die neuen Sämlinge im Beet.

Lavendel

Als Heilkraut lindert er viele Beschwerden wie Schlaflosigkeit, Nervenschwäche oder Migräne. Lavendel blüht zwischen Ende Mai bis Mitte September. Dann bildet er auffallend violette, seltener weiße Blüten. Typisch ist der Duft, der von den Blüten sowie von den Blättern ausgeht. Frische Lavendelzweige aromatisieren Fleischgerichte aller Art. Gerebelte oder gehackte Lavendelblätter sorgen in vielen Käsesorten wie Ziegenkäse oder Weichkäse für einen raffinierten Geschmack. Lavendelblüten werden häufig auch für Süßspeisen verwendet. Als Besonderheit gilt Lavendelhonig.

Beinwell

Beinwell ist eine der ältesten bekannten Heilpflanzen, die vor allem bei Gelenkschmerzen, Muskelbeschwerden oder Verstauchungen verwendet wird. Er ist eine mehrjährige Pflanze, die meist Höhen um die 60 cm erreicht. Zur Blütezeit zwischen Ende Mai und Anfang Oktober bildet der Beinwell rosa bis violette, traubenartige Blütenstände aus. Er ist eine einheimische Pflanze und somit gut an unser Klima angepasst. Beinwell steht heute noch gelegentlich bei Wildkräuterliebhabern auf dem Speisezettel. Die Blätter können ähnlich wie Borretsch als mildes Gemüse in Salaten verwendet werden.

Schafgarbe

Schafgarbe ist eine ausdauernde und mehrjährige Pflanze, die Wuchshöhen zwischen 60 und 140 cm erreicht. Sie blüht zwischen Ende Mai und Mitte Oktober. Unverwechselbar ist der angenehm süßliche Geruch der Blüten, die ein beliebtes Wildkraut für Bienen und Schmetterlinge darstellen. Schafgarbe wird u.a. gegen Magenbeschwerden und Verdauungsbeschwerden eingesetzt. Dargereicht wird das Kraut als Tee, als Tinktur, als Umschlag oder als Badezusatz. Aus den Blüten der Schafgarbe wird Sirup hergestellt.

Kümmel

In der Küche verwendet man Kümmelfrüchte seit mehr als 3000 Jahren zum Brotbacken oder für viele Kohlgerichte. Kümmeltee und Kümmelöl werden in der Naturheilkunde vor allem bei Verdauungsbeschwerden sowie bei Magen- und Darmerkrankungen empfohlen. Kümmel ist zweijährig. Während im ersten Jahr nur eine bodennahe Rosette aus Blättern erkennbar ist, bilden sich im zweiten Jahr die Stängel. Kümmel blüht weiß im zweiten Jahr zwischen Mai und Juli. Sobald die Früchte des Kümmels braun und bereits leicht hart geworden sind, können sie geerntet werden.

KOHL VERLAG
KRÄUTER
Aus der Schatztruhe der Natur – Bestell-Nr. 15 061

Küchenkräuter

Unter den „Küchenkräutern“ verstehen wir hier Petersilie, Schnittlauch, Dill, Kerbel, Kresse, Borretsch und Pimpinelle.

Diese sieben Kräuter gehören auch in die berühmte „Frankfurter grüne Soße“.

Schnittlauch

Schnittlauch schmeckt angenehm lauchartig, leicht scharf und erfrischend. Zum Verzehr geeignet sind auch die Blüten. Die bei uns häufigste Sorte blüht rosa bis lila-violett. Schnittlauch ist mehrjährig. Er wird zwischen 10 und 50 cm hoch. Er passt zu Kräuterquark, zu Suppen, Gemüse, Salat, Kartoffeln und zu Eierspeisen. Seine Blüten sind eine hübsche Dekoration. In Röllchen geschnitten, lässt er sich gut einfrieren. Schnittlauch darf immer nur frisch oder aufgetaut verwendet werden. Kochen zerstört schnell das Aroma.

Petersilie

Die Petersilie ist wohl das beliebteste Kraut und aus keiner Küche wegzudenken. Man verwendet sie für Suppen und Saucen, zu Gemüse und Kartoffeln, Kräuterquark, Eierspeisen und Salaten. Fein gehackt lässt sich Petersilie in einer Plastikdose gut einfrieren. Petersilie verliert durch Erhitzen stark an Geschmack, sie sollte daher nicht mitgekocht werden. Am besten schmeckt sie frisch. Petersilie gibt es mit glatten und krausen Blättern. Wer sie selbst aussät, muss Geduld haben: Bis zu einem Monat kann es dauern, bis die Samen keimen.

KRÄUTER
Aus der Schatztruhe der Natur – Bestell-Nr. 15 061
KOHL VERLAG

Kerbel

Er sieht der Petersilie zum Verwechseln ähnlich. Ganz anders aber ist das Aroma des Kerbels. Alle Pflanzenteile riechen ein wenig nach Anis und sind leicht behaart. Zum Würzen verwendet man die Blätter und Blüten. Man pflückt nur die zarten, jungen Blätter, denn sie besitzen die meiste Würzkraft. Auch die unterirdischen Pfahlwurzeln sind zum Verzehr geeignet. Kerbel zählt zu den „fines herbes", den feinen Kräutern der französischen Küche. Er wird stets frisch gehackt zu Suppen, Omeletts, Fischgerichten, Quarkspeisen, Soßen und Salaten gegeben und nie mitgekocht. Auch für Kräuterbutter oder Pestos eignen sich die Blätter.

Dill

Dill ist ein vielseitiges Kraut, das im Geschmack an Anis und Kümmel erinnert. Dill sollte möglichst frisch verwendet werden, da sich sein Aroma schnell verflüchtigt. Wird er mitgekocht, verliert er an Würzkraft – deshalb sollte man ihn erst kurz vor dem Servieren beigeben. Man nutzt ihn für Gurkensalat, Fischgerichte und Kräuterquark. Die reifen Samen nach der Blüte eignen sich zum Einlegen von Gewürzgurken und zum Kochen von Sauerkraut. Dillspitzen können getrocknet oder eingefroren werden.

Borretsch

Es gibt ein Kraut, das würde man mit verbundenen Augen für ein Gemüse halten: Borretsch – Gurkenkraut. Typisch ist der ausgeprägte Geschmack nach frischen grünen Gurken, die sich hervorragend in Salaten oder auf Brotaufstrichen machen. Borretsch ist eine einjährige Pflanze, die Wuchshöhen zwischen 50 und 90 cm erreicht. Borretsch bildet von Mai bis September strahlend blaue bis violette Blüten aus. Er ist nicht winterhart. Die Blüten können kandiert werden und Süßspeisen wie Kuchen, Muffins, Grießbrei und Konfitüren garnieren. Die Blüten kommen auch als Dekoration in Wildkräutersalaten oder -suppen vor.

Kresse

Die Gartenkresse ist ein einjähriges Kraut, das man an den kleinen, eiförmigen und gefiederten Blättern erkennt. Alle Kressearten zeichnen sich durch ihren leicht scharfen bis pfeffrigen Geschmack und Geruch aus. Von Kresse werden die Blätter frisch gegessen. Gartenkresse kann leicht selbst gezogen werden. Sie keimt sogar ohne Erde und kann am Fensterbrett wachsen. Kresse schmeckt als Brotbelag, zu Salaten, im Kräuterquark und in Soßen. Sie hat eine sehr kurze Keimdauer. Man kann sie aber auch nur einmal verwenden, da sie nach dem Abschneiden nicht mehr nachwächst.

Estragon

Estragon ist ein häufig verwendetes Küchenkraut, was zum Würzen von Saucen oder Käsegerichten verwendet wird. Estragon kann mit der Speise gekocht werden. Beim Trocknen verliert er allerdings etwas an Geschmack.

Weißer Gänsefuß

Oft wird er auch als Melde oder Ackermelde bezeichnet. Er kann bis zu 3 m hoch werden. Er hat grünweiße, unscheinbare Blüten. Die Blätter erinnern an Gänsefüße. Ab April bereichern junge Triebe unsere Salate.

Fenchel

Die Samen bzw. Früchte des Fenchels können als Gewürz für Eintöpfe oder Fischgerichte verwendet werden. Fencheltee und Fenchelhonig lindern Beschwerden wie Magenkrämpfe oder festsitzenden Husten.

Vogelmiere

Dieses „Unkraut“ schmeckt nicht nur gut als Salatgrundlage. Es hat auch weitaus mehr wertvolle Nährstoffe als z.B. Kopfsalat. Es wird 10 bis 40 cm hoch und hat kleine, weiße Blüten. Man kann es das ganze Jahr ernten.

Baldrian

Die Wurzeln der Pflanze haben eine beruhigende und schlaffördernde Wirkung. Baldrian ist eine ausdauernde Pflanze, die zwischen 90 und 180 cm hoch wird. Im Boden bildet er meist gelbe Wurzeln aus, die einen auffallend starken Geruch haben.

Pimpinelle

Die ganze Pflanze ist essbar. Sie dient hauptsächlich als Gewürz, junge Stängel und Blätter roh und als würzende Zutat für Salate und Saucen, gegart zu Gemüsegerichten, getrocknet als Tee. Die Blüten nimmt man als Gewürz und essbare Dekoration.

Ackerschachtelhalm
Ackersenf
Arnika
Bärlauch
Baldrian
Basilikum
Beifuß
Beinwell
Borretsch
Brennnessel
Dill
Estragon
Fenchel
Fingerhut
Gänseblümchen
Giersch
Johanniskraut
Kamille
Kerbel
Kresse

KRÄUTER

Koriander
Kümmel
Lavendel
Liebstöckel
Löwenzahn
Majoran
Oregano
Petersilie
Pfefferminze
Pimpinelle
Ringelblume
Rosmarin
Salbei
Schafgarbe
Schnittlauch
Spitzwegerich
Thymian
Vogelmiere
Waldmeister
Weißer Gänsefuß

Sucht euch ein Kraut, das euch besonders gut gefällt und erstellt einen Steckbrief. (Aber nicht die ganze Klasse die gleiche Pflanze!)

Kräutersteckbrief

Die Blüte:

Farbe der Blüte: ______________

Die Blüte hat ______ Blüten.

An einer Pflanze sind _____ Blüten.

Die Blätter:

Farbe der Blätter: ______________

O Die Blätter wachsen am Stäbgel.

O Die Blätter wachsen am Boden.

O Die Pflanze hat viele Blätter.

O Die Pflanze hat wenige Blätter.

Das Kraut heißt: ________________________________

Es blüht von ____________________ bis ___________________

Menschen nutzen die Pflanze als ____________________________________

____

____

____

____

Klasse 1 2 3 4

Sachunterricht

Montessori-Lege- und Lernmaterial

Beispielbilder aus „Tages- & Wochenkreis"

Visuelle Reize durch entwicklungsgemäßes Material geben die nötige Unterstützung in vielen Themenbereichen.

Probieren Sie unser anschauliches Lege- und Lernmaterial aus. Es wird Sie überzeugen!

Autorenteam Kohl-Verlag

Bäume Heimische Baumarten kennenlernen

Wie verändern sich Bäume im Laufe des Jahres? Welche Blätter und Früchte tragen sie? Tiere und andere Pflanzen hinterlassen Spuren an Bäumen, die Obstbäume sind ein spannendes Thema für sich. Aus lauter Bäumen besteht der Wald, den die Kinder aus den Märchen kennen. Die ganz verschiedenen Blickwinkel kann man nun durch dieses farblich passende Legematerial in variabler Reihenfolge zu etwas Ganzem wachsen lassen – ein motivierender Prozess.

FARBIG | 80 Seiten | 15 049 | ab 21,49 € | 2 3 4

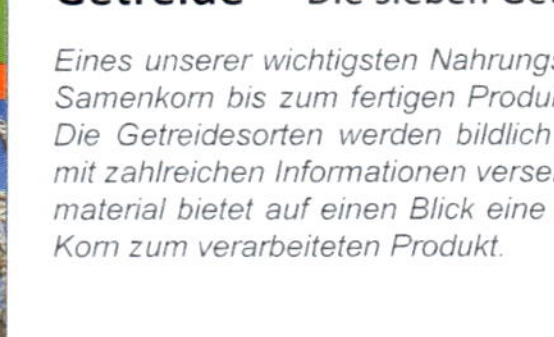

Gary M. Forester

Getreide Die sieben Getreidearten

Eines unserer wichtigsten Nahrungsmittel wird im Legekreis vom Samenkorn bis zum fertigen Produkt unter die Lupe genommen. Die Getreidesorten werden bildlich dargestellt, beschrieben und mit zahlreichen Informationen versehen. Das ca. 1m² große Legematerial bietet auf einen Blick eine ansprechende Übersicht vom Korn zum verarbeiteten Produkt.

FARBIG | 48 Seiten | 15 008 | ab 17,49 € | 2 3 4

Gary M. Forester

Kräuter Aus der Schatztruhe der Natur

NEU ab Okt.

Kraut, Unkraut oder doch „nur" Gras ... gar nicht so einfach, alles auseinander zu halten. Hier werden die bekanntesten Kräuter in der bekannten Bild/Text-Karte vorgestellt. Das Legematerial ist farblich geordnet und ermöglicht ein selbstständiges und effizientes Arbeiten der Kinder.

Aus dem Inhalt:

Wildkräuter / Gewürzkräuter / Teekräuter / Heilkräuter

FARBIG | 36 Seiten | 15 061 | ab 16,49 € | 3 4

Gary M. Forester

Wiese und Wegrand Unsere Natur kennenlernen

Die Kinder lernen durch Zuordnung der Blütenfarben viele heimische Wildkräuter und Blumen kennen. Bei passendem Anlegen der Dreieckskärtchen ergibt sich ein wunderschöner großer Lernstern mit vielen bekannten Blumen und Gräsern. Zusätzlich liefert ein kleines Infoheft weitere interessante Informationen.

FARBIG | 32 Seiten | 15 006 | ab 13,49 € | 4

Gary M. Forester

Obst & Gemüse Ein stetiger Wechsel

Ein stets aktuelles Thema und Grundnahrungsmittel: Obst und Gemüse! Die thematische Vielfalt wird hier anschaulich entwickelt und dargestellt. Das Marktangebot wird erkundet und heimisches Obst von anderen klimatischen Herkunftsregionen unterschieden. Gemüse wird nach essbaren Teilen wie Wurzel, Blatt, Stängel, Frucht usw. sortiert.

FARBIG | 48 Seiten | 15 027 | ab 17,49 € | 1 2 3 4

Autorenteam Kohl-Verlag

Pilze 12 Pilzarten unter der Lupe

Ein 61-teiliges Legematerial mit zwölf Pilzarten – darunter essbare, ungenießbare und giftige Sorten. Die Kärtchen müssen passend an das Zwölfeck in der Mitte angelegt werden, sodass ein 12-strahliger Stern entsteht. Ergänzt wird dieses Material durch ein Pilze-Quiz sowie ein Memory, bei denen die Kinder ihr erlerntes Wissen aus dem Legematerial anwenden können.

FARBIG | 48 Seiten | 15 039 | ab 17,49 € | 3 4

Gary M. Forester

Feuerwehr, Polizei & Co Helfer in der Not

Organisationen, die in Notsituationen und Katastrophenfällen Hilfe leisten, faszinieren Kinder. Welcher Aufgabe gehen Feuerwehr, Polizei und Rettungsdienst nach? Und was machen das THW oder der Katastrophenschutz? Dieser Legekreis bietet den Kindern die Möglichkeit, sich spielerisch diesem spannenden Thema zu nähern.

FARBIG | 40 Seiten | 15 019 | ab 17,49 € | 1 2 3 4

Gary M. Forester

Verkehrszeichen

Sicher im Straßenverkehr

Die Kenntnis der wichtigsten Verkehrsschilder soll den Kindern Hilfe sein, ihr Wissen über den Straßenverkehr zu festigen. Üb Zeichen, die auch unsere Kinder schon betreffen, wie Radfahr Ampel oder Zebrasteifen werden hier vorgestellt. In einem sechs ligen Stern können die Kinder 42 Verkehrszeichen kennenlerne anlegen.

FARBIG | 36 Seiten | 15 043 | ab 15,99 €

Gary M. Forester

Die fünf Sinne

Legematerial zu den fünf Sinnen hören, riechen, sehen, schm und fühlen! Das ansprechende Material bietet neben zahlreich formationen in Textform auch eindrucksvolle Bilder und Wissensv über die Funktionsweise des jeweiligen Sinnes.

FARBIG | 32 Seiten | 15 020 | ab 14,99 €

Gary M. Forester

Von der Empfängnis zur Geburt

Die Phasen der Schwangerschaft

Kurze Infotexte und passende Bilder zu den Entwicklungss sind in dem umfangreichen Legematerial zu einer spannenden durch die Monate von der Empfängnis zur Geburt zusammenge Wissensdurst und Neugier werden gestillt.

FARBIG | 48 Seiten | 15 005 | ab 17,49 €

Gary M. Forester

Die Entwicklung des Menschen

Von der Geburt bis zum Lebensabend

Die Entwicklung des Menschen spiralförmig dargestellt. Einzelne farbige mente bilden eine übersichtliche Entwicklungsspirale. Das farbige Ma besteht aus Segmenten zur körperlichen Entwicklung ... und macht sie sichtbar!

FARBIG | 48 Seiten | 15 012 | ab 15,99 €

Gary M. Forester

Tages- & Wochenkreis

Das Legematerial enthält verschiedene Wortkarten in anderen Sprache erklärt Wissenswertes rund um Planeten und Götter der einzelnen Wo tage. Der Tageskreis verdeutlicht die Gliederung des Tages. Jede S wird durch ein Segment veranschaulicht. Der Übergang der Tageszeiter passend angelegt.

FARBIG | 48 Seiten | 15 009 | ab 15,99 €

Gary M. Forester

Tag und Nacht

Zusammenspiel und Abhängigkeit von Tag & Nacht. Übersichtlich und drücklich erfahren die Schüler Wesentliches über Licht und Schatten und Folgen z.B. für den Gebrauch von Sonnenuhren. Ebenfalls wird der Rhyt von Tag und Nacht und seine Auswirkungen auf Menschen und Tiere, Arbeitswelt und Lebenszyklus von Pflanzen anschaulich erklärt.

FARBIG | 48 Seiten | 15 030 | ab 15,99 €

Autorenteam Kohl-Verlag

Wolken, Wind & Regen Wie unser Wetter entsteht

Insgesamt drei Legematerialien: ein 10-teiliges Material zum Wasser lauf sowie zwei 21-teilige Materialien zu den Themen „Wolkenfamilien" „Wind". Durch Zuordnen von Legekärtchen lernen die Schüler z.B., wie ken und Niederschlag zustande kommen oder wie unterschiedlicher Luft Wind entstehen lässt. So entsteht ein wunderschöner Legestern für Ihr senzimmer!

FARBIG | 40 Seiten | 15 042 | ab 17,49 €

Gary M. Forester

Die vier Elemente

Nutzen und Gefährlichkeit aller vier Elemente wird in einem wundersch Legestern dargestellt. Im Außenring befinden sich weiterführende Infos, B fe, Sprichwörter .... Wasser, lebensspendend – aber als Tsunami verhee Feuer – der Garant für zubereitete Nahrung, als Waldbrand zerstörerisch werden alle vier Elemente näher beleuchtet.

FARBIG | 32 Seiten | 15 007 | ab 13,49 €